# BEI GRIN MACHT SICH IHR WISSEN BEZAHLT

AF130539

- Wir veröffentlichen Ihre Hausarbeit,
  Bachelor- und Masterarbeit

- Ihr eigenes eBook und Buch -
  weltweit in allen wichtigen Shops

- Verdienen Sie an jedem Verkauf

## Jetzt bei www.GRIN.com hochladen und kostenlos publizieren

# Strategiebericht für ein Gesundheitsstudio in Dortmund

Ina Müller

**Bibliografische Information der Deutschen Nationalbibliothek:**

Die Deutsche Nationalbibliothek verzeichnet diese Publikation in der Deutschen Nationalbibliografie; detaillierte bibliografische Daten sind im Internet über http://dnb.d-nb.de abrufbar.

ISBN: 9783389010389
Dieses Buch ist auch als E-Book erhältlich.

© GRIN Publishing GmbH
Trappentreustraße 1
80339 München

Druck und Bindung: Books on Demand GmbH, Norderstedt Germany
Gedruckt auf säurefreiem Papier aus verantwortungsvollen Quellen

Das Buch bei GRIN: https://www.grin.com/document/1463501

Deutsche Hochschule für
Prävention und Gesundheitsmanagement
Hermann-Neuberger-Sportschule 3
66123 Saarbrücken

# Hausarbeit

| Name, Vorname | Müller, Ina |
|---|---|
| | |
| Studiengang | Master of Arts Prävention und Gesundheitsmanagement |
| Studienmodul | Strategische Unternehmensführung I |
| **Datum Präsenzphase** (siehe Ergebnisdokumentation) | 26.04.-28.04.2023 |
| Aufgabe | Erstellung eines Strategieberichts für ein Gesundheitsstudio in Dortmund |

# Inhaltsverzeichnis

1 DARSTELLUNG DER AUSGANGSSITUATION............................................. 3

1.1 Wahl des Standortes ...........................................................................................3

1.2 Beschreibung des Unternehmenstyps.................................................................4

2 PHASE DER STRATEGISCHEN ZIELPLANUNG........................................ 5

2.1 Unternehmerische Vision / Mission / Grundwerte..............................................5

2.2 Strategische Zielplanung ....................................................................................6

2.3 Branchenvergleich ..............................................................................................6

3 PHASE DER STRATEGISCHEN ANALYSE UND PROGNOSE................... 7

3.1 Branchenstrukturanalyse.....................................................................................7

3.2 SWOT-Analyse....................................................................................................9

3.3 Zielplanung........................................................................................................13

4 PHASE DER STRATEGIEFORMULIERUNG ............................................. 14

4.1 Strategieformulierung ........................................................................................14

4.2 Blue-Ocean-Strategie.........................................................................................14

5 PERSONALMANAGEMENT ........................................................................ 15

5.1 Führungsverhalten..............................................................................................15

5.2 Recruiting ...........................................................................................................16

6 LITERATURVERZEICHNIS ........................................................................ 18

7 ABBILDUNGS- UND TABELLENVERZEICHNIS....................................... 21

7.1 Abbildungsverzeichnis.......................................................................................21

7.2 Tabellenverzeichnis............................................................................................21

# 1 Darstellung der Ausgangssituation

Eine international agierende Unternehmensgruppe möchte in den europäischen Fitness-markt expandieren. Hierzu soll ein Strategiebericht für ein Gesundheitsstudio in Dortmund erstellt werden. Der Bericht, bestehend aus der durchgeführten strategischen Analyse und dem erstellten Konzept, soll der Unternehmensgruppe als Grundlage für die weitere Expansion dienen.

## 1.1 Wahl des Standortes

Das Gesundheitsstudio BeFit wird an dem zentralen Standort Schmiedingstraße 13, 44137 Dortmund (siehe Abb. 1) eröffnet.

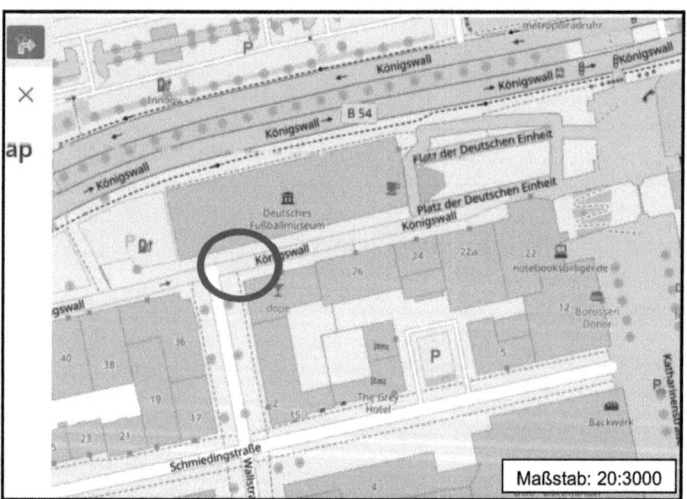

Abb. 1: Standort des Gesundheitsstudios (Darstellung aus OpenStreetMap)

Der Standort befindet sich im Innenstadtring. Direkt gegenüber ist ein Gesundheitszentrum, in dem diverse Ärzte, Physiotherapeuten sowie Apotheken ansässig sind. In unmittelbarer Nähe liegt der Dortmunder Hauptbahnhof sowie weitere S- und U-Bahn Haltestellen. Eine Anfahrt mit den öffentlichen Verkehrsmitteln ist somit gegeben. Das Parkhaus „Schmiedingstraße" befindet sich direkt nebenan.

## 1.2 Beschreibung des Unternehmenstyps

Das Gesundheitsstudio BeFit soll das Studio in Dortmund sein, welches ein nachhaltiges Angebot zum Thema Gesundheit bietet. Aufgrund der wachsenden psychischen Belastungen (Deutsche Angestellten Krankenkasse [DAK], 2023), ungesunde Ernährung, die eine negative Auswirkung auf die Morbidität und Mortalität hat (The Lancet, 2017) sowie der vorhandene Bewegungsmangel (World Health Organization, 2022), wird es immer wichtiger ein kombiniertes Angebot aus Kraft, Ausdauer, Ernährung und Entspannung anzubieten (Lubarsky, Mansoor, Niebauer, Sprengel & Vieten, 2022).

Die gewählten Geschäftsfelder gesundheitsorientiertes Fitnesstraining, Ernährung, Wellness und Rehabilitationssport sollen eine klare Ausrichtung zu den Themen rund um die Gesundheit auf dem Sektor Gesundheitsmarkt bewirken.

Das gesundheitsorientierte Fitnesstraining stellt dem Kunden Geräte- und Trainingsflächen inklusive Milon Zirkel für ein effizientes Training zur Verfügung. Neben den Geräte- und Trainingsflächen, auf denen die Kraft-Ausdauer trainiert wird, sollen auch Kursangebote sowie die Buchung von Personaltrainern zur Erstellung eines Trainingsplans möglich sein. Die Kursangebote decken die Bereiche Ausdauer, Körperkräftigung, Entspannung und Gesundheit ab. Die Kurse werden nicht nur im Kursraum durchgeführt. Auf der vorhandenen Dachterrasse und im naheliegenden Stadtgarten werden Outdoorkurse wie Lauf- und Intervalltraining angeboten.

Die angebotene Ernährungsberatung soll je nach Zielwunsch des Kunden (Abnahme, Muskelaufbau, Leistungssteigerung) mit dem Sporttraining kombiniert und ergänzt werden. Hier wird in mehreren Terminen das Ziel des Kunden eruiert und ein individueller Trainings- und Ernährungsplan zusammengestellt. Ergänzt wird dieses Geschäftsfeld mit dem Verkauf von Nahrungsergänzungsmitteln und Getränken.

Im Bereich Wellness werden verschiedene Saunen (Biosauna, Dampfsauna, Finnische Sauna) sowie spezielle Body & Mind Kurse angeboten.

Abgerundet wird das Portfolio durch Rehabilitationssport. Dieser wird von den gesetzlichen Krankenkassen gefördert.

Die verschiedenen Geschäftsfelder sollen durch Special Events oder in Form von Workshop Tagen „BeYourCircle" Days auf variative Weise kombiniert werden und so immer wieder neue Erlebnisse für den Kunden schaffen. Beispielsweise wird mit einem Kraft-Ausdauer Kurs gestartet, gefolgt von einer mentalen Einheit und zum Ausklang gibt es einen Aufguss in der Sauna.

Die Aktivitäten im BeFit werden über diverse Social-Media-Kanäle transparent kommuniziert. Die Mitarbeiter nehmen die Mitglieder live mit, z.B. über regelmäßige Stories. Um die Motivation der Mitglieder hochzuhalten, werden verschiedene Challenges über Social Media und im Studio direkt angeboten. Denkbar wäre eine „Trink Challenge", „Schritte Challenge" oder „Atem Challenge". Die Challenges und andere Ideen werden durch regelmäßiges Brainstorming eruiert und umgesetzt.

Es werden sowohl Live- als auch Digital-Kurse angeboten. Dieses hybride Angebot dient der Bedürfnisbefriedigung der Kunden.

Dieses Angebot wird erfüllt, indem Fitnesstrainer mit mindestens einer B-Lizenz, Akademiker und duale Studenten aus den Bereichen der Sport- und Fitnessbranche, Ernährungsberater, Physiotherapeuten und Servicekräfte eingestellt werden.


# 2 Phase der strategischen Zielplanung


## 2.1 Unternehmerische Vision / Mission / Grundwerte

Eine Vision ist ein Wunschbild in der Zukunft, es sollte emotional besetzt sein. Eine Vision spornt an und motiviert ein gemeinsames Ziel zu erreichen (Lechner & Müller-Stewens, 2011, S. 225).

„Wir bringen Deutschland auf ein höheres Gesundheitslevel"

Mit dieser kundenfokussierten Vision sollen die Kundenbedürfnisse zukünftig befriedigt werden (Lechner & Müller-Stewens, 2011, S. 226).

Die Mission eines Unternehmens vermittelt den Unternehmenszweck. Es gibt den Mitarbeitern eine Orientierung, eine Legitimation für ihr berufliches Handeln und hat eine Motivationsfunktion (Lechner & Müller-Stewens, 2011, S. 227-233).

„**Wir** sorgen mit unseren ganzheitlichen, individuellen Trainingsangeboten für **dein** höchstes Gut - **deine Gesundheit**". Mit dieser Mission wird das Portfolio des Unternehmens widergespiegelt.

Die Grundwerte eines Unternehmens geben Aufschluss darüber was als wertvoll und als angemessen empfunden wird (Müller-Stewens & Lechner, 2011, S. 233). Die Grundwerte des Gesundheitsstudios **BeFit** stehen für:

**B**egeisterung: Leidenschaft und Engagement für das, was wir jeden Tag tun.

**E**mpathie: Unser Team ist fähig und bereit, sich in die Mitglieder hineinzuversetzen, um so die bestmöglichen Ergebnisse zu erzielen.

Fokus auf Exzellenz: Wir streben nach höchster Qualität in allem, was wir tun.

Integrität und Aufrichtigkeit: Wir sind ehrlich, ethisch und vertrauenswürdig.

Teamwork: Wir unterstützen uns gegenseitig, behandeln uns respektvoll und übernehmen gemeinsam Verantwortung für unsere Erfolge uns unsere Fehler.

## 2.2 Strategische Zielplanung

In Kap. 2.1 wurden für das Unternehmen Vision, Mission und Grundwerte formuliert, daraus werden im Folgenden vier Unternehmensziele abgeleitet.

Ziel 1: Innerhalb der ersten drei Jahre werden 2000 Mitglieder angeworben.

Dies wird vor allem mit Marketingmaßnahmen und lukrativen Kennlernangeboten erreicht.

Ziel 2: Basierend auf der Statistik, dass 80% der Mitglieder innerhalb der ersten 24 Monate kündigen (Pixformance Sports GmbH, 2018), wird das Ziel sein, nach drei Jahren mindestens 40% und nach fünf Jahren mindestens 60% der Mitglieder gebunden zu haben. Dies wird durch ein langfristiges und gezieltes Kundenbindungsmanagement, in Form von authentischen Geschichten, Dienstleistungen mit Erlebnisfaktor sowie Story Telling über Social-Media-Plattformen, erreicht (Fitness Management, 2021).

Ziel 3: Innerhalb von drei Jahren wird das Kooperationsnetzwerk auf mindestens 5 weitere Bereiche ausgebaut wie z.B. Ärzte, Krankenhäuser, Reha- und Pflegeeinrichtungen, Physiotherapie, Krankenkassen, Ernährungsberatung, Sportpsychologen, Sportvereinen). Durch diese Kooperationen werden weitere potenzielle Mitglieder akquiriert und das Image ausgebaut.

Ziel 4: Es wird angestrebt in einem Zeitraum von drei Jahren mindestens 10 Erfolgsgeschichten von Kunden Publik zu machen, die durch die BeFit-Unterstützung den idealen Body-Maß-Index erreicht haben. Dies soll die Authentizität des Unternehmens steigern.

## 2.3 Branchenvergleich

Im Folgenden werden zwei Mitbewerber des gleichen Unternehmenstyps, welche sich im Raum Dortmund befinden, verglichen. Hierzu werden die Vision, Mission und die Grundwerte in Tabelle 1 gegenübergestellt.

Tab. 1: Branchenvergleich (Bakir, 2017; Kieser Training AG, o. J.; My Fitness Station GmbH, 2021)

| Studio | Vision | Mission | Grundwerte |
|---|---|---|---|
| BeFit | Wir bringen Deutschland auf ein höheres Gesundheitslevel | Wir sorgen mit unseren ganzheitlichen, individuellen Trainingsangeboten für dein höchstes Gut – Deine Gesundheit. | Integrität & Aufrichtigkeit, Begeisterung, Empathie, Teamwork, Fokus - Exzellenz |
| Injoy Pottfit | Erlebnisse und Begeisterung schaffen, Freude an Bewegung, Erhöhung der Lebensqualität | Individuelle Beratung, zielgerichtete Betreuung, Kundenbedürfnisse befriedigen | Ehrlichkeit, Zuverlässigkeit, faire Preise, Kundennähe, Freundlichkeit, Herzlichkeit, Flexibilität, Leistungsbereitschaft |
| Kieser Training AG | Die Welt zu kräftigen | Trainingserfolg mit einheitlicher Dienstleistung und minimalem Zeitaufwand | Stetige Weiterentwicklung, Kompetenz, Qualität, Aus- und Weiterbildung der Mitarbeiter |

Alle drei Studios (siehe Tab. 1) haben eine kundenfokussierte Vision und sprechen die Gesundheit der Kunden an. Die Mission von Injoy Pottfit und BeFit zielt auf die individuelle und ganzheitliche Betreuung ab, wiederum hat Kieser Training AG die Mission mit kurzem Zeitaufwand und einer einheitlichen Dienstleistung zum Trainingserfolg zu führen.

Der Teamgeist der Mitarbeiter, Gesundheit und Qualität wird von allen drei Unternehmen thematisiert. Die wissenschaftlich fundierten Methoden und auch die Handlungsstärke und Glaubwürdigkeit sind von Kieser Training AG zusätzlich genannte Grundwerte.

Zusammenfassend sind Gemeinsamkeiten im Vergleich der Studios vorhanden. Bei den beiden Studios handelt es sich um etablierte und erfolgreiche Studios. Dies bestätigt, dass BeFit eine gute Grundbasis für eine erfolgreiche Unternehmenseinführung hat.

# 3 Phase der strategischen Analyse und Prognose

## 3.1 Branchenstrukturanalyse

Die Anwendung einer Branchenstrukturanalyse hat als Ziel, die Wettbewerbssituation aus Sicht eines Unternehmens innerhalb einer Branche abzuschätzen. Die bekannteste

Methode ist Porters Five-Forces-Modell. Die Methode charakterisiert die einzelnen fünf Wettbewerbskräfte und stellt die Zusammenhänge dar (Bamberger & Wrona, 2012, S. 369). Das Five-Force-Modell wurde auf das BeFit Gesundheitsstudio in Abbildung 2 übertragen.

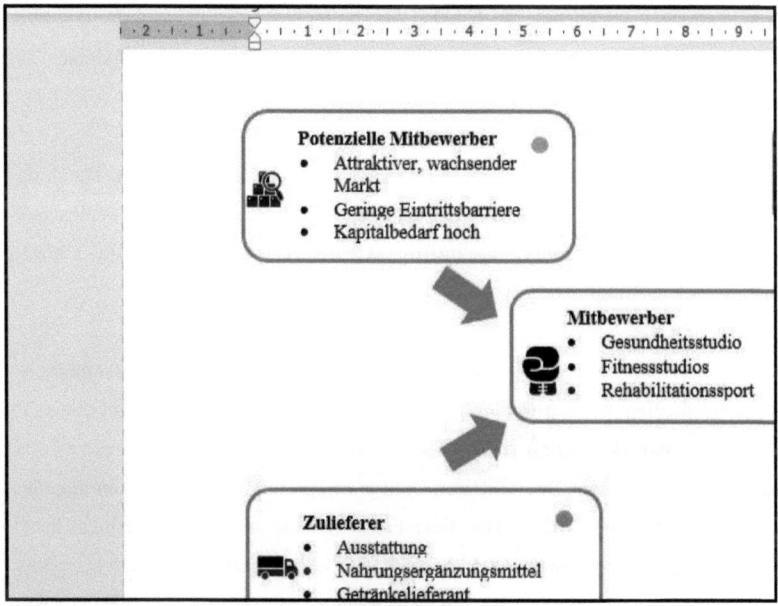

Abb. 2: Five-Forces-Modell übertragen auf BeFit (modifiziert nach Porter, 2000, S.29)

**Mitbewerber:**

Hoch: Das große Mitbewerberangebot löst einen hohen Druck aus. In Kap. 2.3 sind die direkten Mitbewerber, die im gleichen Segment agieren, genannt. Zudem kommen noch konkurrierende Betriebe wie Gesundheitsstudios, Fitnessstudios und Rehabilitations-sportanbieter hinzu.

**Potenzielle Mitbewerber:**

Mittel: Trotz Einbußen in der Coronakrise befindet sich der Fitnessmarkt wieder im Aufwärtstrend. Daher ist stets mit weiteren potenziellen Mitbewerbern zu rechnen (Brockskothen, Gausselmann, Henneke, Ludwig, Pappenbrock & Rump, 2023). Die Eintrittsbarriere ist einerseits gering, da es keiner spezifischen Qualifikation bedarf, um ein Studio zu eröffnen, jedoch wird dies erschwert durch einen hohen finanziellen Kapi-talbedarf (Evers, o. J.).

**Zulieferer:**

Niedrig: Eine Abhängigkeit von Lieferanten wird als gering eingeschätzt. Auf dem Markt befinden sich über 50 verschiedene Gerätehersteller (GymCompany Retail S. L., o. J.). Bedingt durch das große Angebot kann BeFit frei auswählen und hat dementsprechend eine große Verhandlungsmacht.

Ebenso gestaltet sich die hohe Verhandlungsmacht im Nahrungsmittelergänzungssektor, hier gibt es über 2100 Anbieter und auf dem Getränkemarkt knapp 4000 Anbieter (Visable GmbH, o. J.).

**Kunden:**

Hoch: Die Kunden sind die Haupteinnahmequelle des Gesundheitsstudios. Durch das vielseitige Angebot auf dem Markt, hat der Kunde die freie Auswahl und dementsprechend eine große Verhandlungsmacht (Brockskothen, Gausselmann, Henneke, Ludwig, Pappenbrock & Rump, 2022).

**Ersatzprodukte:**

Mittel: Die Pandemie und die daher einhergehende Schließung der Fitnessstudios hat die Kunden offen für Substitutionsprodukte gemacht, wie z.B. Online-Angebote (YouTube Videos) oder Fitness-Apps. Diese werden meist kostenlos angeboten und sind zeitlich flexibel nutzbar. Das American College of Sports Medicine belegt in ihrer Befragung „Fitnesstrends 2022", dass diese Ersatzprodukte an Relevanz verloren haben (Schmidt, 2023). Der Kunde setzt eher auf eine interdisziplinäre Rundumbetreuung. Hinzu kommen noch Sportvereine, die meist lukrative Mitgliederpreise anbieten. Diese und die Nutzung des Heimtrainers decken nicht das Bedürfnis einer individuellen Betreuung ab.


## 3.2 SWOT-Analyse

Die SWOT-Analyse verschafft dem Unternehmen einen Überblick über vorhandene Potentiale bzw. Defizite. Dies ermöglicht dem Unternehmen sich besser zu positionieren und zeigt den Handlungsbedarf für die Entwicklung neuer oder die Überarbeitung bestehender Strategien auf (Dillerup & Stoi, 2022, S. 287).

Die SWOT- Analyse beinhaltet drei Schritte, welche übertragen auf das Unternehmen BeFit, nachfolgend durchgeführt werden.

Schritt 1: Umweltanalyse – Chancen und Risiken

Es wird bei der Umweltanalyse das globale und das wettbewerbsbezogene Umfeld untersucht (Bamberger & Wrona, 2012, S. 378). Hieraus ergeben sich folgende Chancen und Risiken für das Unternehmen BeFit:

Tab. 2: Umweltanalyse – Chancen und Risiken (eigene Darstellung)

| Chancen (Opportunities) | Risiken (Threats) |
| --- | --- |
| - Wunsch nach einem ganzheitlichen Angebot kommt bei den Mitgliedern immer mehr ins Bewusstsein (Sörensen & Wolff, 2022, S. 32).<br>- Individuelle Beratung und Betreuung der Mitglieder hebt sich von der Digitalisierung ab (Schmidt, 2023).<br>- Rückenschmerzen sind das Volksleiden Nummer 1 in Deutschland (Journal of Health Monitoring, 2021).<br>- In einer Studie wird der Höchststand psychischer Erkrankungen im Jahr 2022 in der Arbeitswelt ermittelt (DAK, 2023).<br>- Die Primärprävention ist ein gesetzlicher Auftrag der Krankenkassen. Eine Kostenerstattung nach § 20 SGB V ist bis zu 80% möglich.<br>- Körperliche Aktivität wirkt sich positiv auf die psychische Gesundheit aus (Langguth, Meyer & Schulz, 2011).<br>- Mitgliederwachstum im Jahr 2022 um 10,8% (Arbeitgeberverband deutscher Fitness- und Gesundheits-Anlagen [DSSV], 2023).<br>- Kieser Training AG hat ein unflexibles Dienstleistungsangebot (Kieser Training AG, o. J.). | - Stetiger Marktwachstum, Risiko von potenziellen Mitbewerbern steigt (Brockskothen, Gausselmann, Henneke, Ludwig, Pappenbrock & Rump, 2023).<br>- Zunehmender Preisdruck durch transparente Preise der Mitbewerber<br>- Abwerbungsaktionen von Mitbewerbern<br>- Mitbewerber, teilweise mit sehr ähnlichen Geschäftsmodellen (vgl. Kap. 2.3)<br>- Stetiger Wechsel von Fitnesstrends (Schmidt, 2023)<br>- Nutzung von Ersatzprodukten wie kostenlose Fitness-Apps, Online-Kurse, Sportvereine, Heimtrainer), (Schmidt, 2023)<br>- Verhandlungsmacht der Kunden (vgl. Kap. 3.1) |

Schritt 2: Unternehmensanalyse - Stärken und Schwächen

Im zweiten Schritt wird die Unternehmensanalyse durchgeführt. Hier werden objektiv die Stärken und Schwächen von BeFit dargestellt (Bamberger & Wrona, 2012, S. 380). Folgende Stärken und Schwächen wurden für das Unternehmen BeFit eruiert:

Tab. 3: Unternehmensanalyse – Stärken und Schwächen (eigene Darstellung)

| Stärken (Strenghts) | Schwächen (Weaknesses) |
|---|---|
| - Qualifiziertes Fachpersonal für die einzelnen Geschäftsfelder | - Hohe Mietkosten aufgrund der Innenstadtlage |
| - Persönliche, ganzheitliche und fachlich starke Betreuung | - Neue Mitarbeiter müssen erst eingearbeitet werden |
| - Abwechslung durch Eventtage und Challenges schaffen | - Es sind keine kostenlosen Parkplätze vorhanden. |
| - Standortnähe zum Gesundheitszentrum | - Neukundenakquirierung in den Sommermonaten gestaltet sich schwierig |
| - Ganzheitliches Angebot (Wellness, Ernährung verknüpft mit Sport) | - Begrenzte Räumlichkeiten durch Innenstadtlage |
| - Hohe Mitarbeitermotivation durch partizipative Führung | - Niedriger Bekanntheitsgrad |
| - Transparentes Social-Media-Marketing | - Kundenstamm muss erst aufgebaut werden |
| - Alleinstellungsmerkmal: Trainingsmöglichkeit auf der Dachterrasse | |
| - Hybrides Angebot (Live- und Digitalkurse) | |
| - Zusätzliches Kursangebot im Outdoorbereich | |

Schritt 3: SWOT-Matrix

Nach Durchführung der beiden Analysen werden die Wechselwirkungen zwischen Umwelt und Unternehmen untersucht. Dies wird in Form einer SWOT-Matrix dargestellt. Hier werden die Chancen und Risiken mit den Stärken und Schwächen zusammengeführt, um Normstrategien abzuleiten, die zur Erreichung der strategischen Ziele beitragen sollen (Bamberger & Wrona, 2012, S. 381).

Tab. 4: SWOT-Matrix (modifiziert nach Lechner & Müller-Stewens, 2011, S. 212)

| SWOT-Analyse | | Interne Analyse | |
|---|---|---|---|
| | | **Stärken (Strenghts)** | **Schwächen (Weaknesses)** |
| **Externe Analyse** | **Chancen (Opportunities)** | S-O- Strategie (Matching- Strategie): <br><br> 1. Chance: Wunsch nach einem ganzheitlichen Angebot steigt. <br> Stärke: Ganzheitliches Angebot <br><br> 2. Chance: Rückenschmerzen sind das Volksleiden Nr. 1. <br> Stärke: Standortnähe zum Gesundheitszentrum | W-O-Strategie (Umwandlungsstrategie): <br><br> 1. Chance: Körperliche Aktivität wirkt sich positiv auf die psychische Gesundheit aus. <br> Schwäche: Kundenstamm im Aufbau <br><br> 2. Chance: Anteilige Kostenübernahme der Krankenkassen nach § 20 SGB V <br> Schwäche: Niedriger Bekanntheitsgrad |
| | **Risiken (Threats)** | S-T-Strategie (Neutralisierungsstrategie): <br><br> 1. Risiken: Abwerbungsaktionen von Wettbewerbern <br> Stärken: Persönliche, ganzheitliche, fachliche Betreuung. <br><br> 2. Risiken: Mitbewerber mit ähnlichen Geschäftsmodellen <br> Stärke: Alleinstellungsmerkmal: Training auf der Dachterrasse | W-T-Strategie (Vermeidungsstrategie): <br><br> 1. Risiken: Nutzung von Ersatzprodukten <br> Schwäche: Neukunden-Akquirierung in den Sommermonaten schwierig. <br><br> 2. Risiken: Preistransparenz der Mitbewerber <br> Schwäche: Keine kostenlosen Parkplätze |

Im Folgenden werden die jeweiligen Strategien aus der SWOT- Matrix abgeleitet:

S-O-Strategie 1: Der Wunsch nach einem ganzheitlichen Angebot steigt bei den Mitgliedern stetig. Dieser Trend wird mit dem ganzheitlichen Angebot von BeFit aufgegriffen und nach Außen kommuniziert.

S-O-Strategie 2: Rückenschmerzen sind das Volksleiden Nr. 1 in Deutschland. Durch die Standortnähe des Gesundheitsstudios zum Gesundheitszentrum, ist BeFit die erste Anlaufstation für die Kräftigung des Rückens. Verstärkt wird dies durch Kooperationen mit den einzelnen Parteien des Gesundheitszentrums und das ganzheitliche Angebot von BeFit.

W-O-Strategie 1: Durch die Steigerung des psychischen Gesundheitsbewusstseins sind potenzielle Kunden offener für das Thema ganzheitliche Gesundheit. Durch Hervorhebung des ganzheitlichen Angebotes von BeFit werden Kundenwünsche befriedigt. Der Kundenstamm kann durch die gezielte Neu-Kundenakquise weiter aufgebaut werden.

W-O-Strategie 2: Der niedrige Bekanntheitsgrad kann durch entsprechende Werbemaßnahmen in Bezug auf die anteilige Kostenübernahme der Krankenkassen nach

§ 20 SGB V erhöht werden. Unterstützend kann dies ebenfalls durch die Kooperationspartner im Gesundheitszentrum kommuniziert werden.

S-T-Strategie 1: Es ist stets mit Abwerbungsaktionen von Mitbewerbern zu rechnen. Durch eine persönliche fachlich starke ganzheitliche Betreuung und gezielten Kundenbindungsmarketing ist der Kunde zufrieden und reagiert nicht auf die verlockenden Abwerbungsaktionen der Mitbewerber.

S-T-Strategie 2: Mitbewerber haben teilweise sehr ähnliche Geschäftsmodelle. Hier ist es wichtig durch Marketingmaßnahmen das Alleinstellungsmerkmal „Training auf der Dachterrasse" hervorzuheben, um sich als Nischenanbieter abzugrenzen.

W-T-Strategie 1: Die Nutzung einer kostenlosen Fitness-App birgt das Risiko Kunden, vor allem in den Sommermonaten, in denen die Auslastung der Studios ohnehin niedrig ist, zu verlieren. Durch das Angebot, in einer Gruppe im Freien zu trainieren und die Motivation durch gemeinsame Challenges zu steigern, kann dem entgegengewirkt werden.

W-T-Strategie 2: Die Tatsache, dass es keine kostenlosen Parkplätze gibt, könnte ausschlaggebend dafür sein, dass sich Kunden für die Mitbewerber entscheiden. Abstempelbare Parktickets, durch Kooperationen mit den umliegenden Parkhäusern, könnte dem entgegenwirken.


## 3.3 Zielplanung

Die Zielplanung wird nach Durchführung der SWOT-Analyse als realistisch und umsetzbar eingeschätzt.

Hauptziel des geplanten Studios ist es durch qualifiziertes Personal eine optimale, individuelle Betreuung der Kunden zu erreichen. Dieses Mitarbeiterteam muss vor der Eröffnung des Studios eingearbeitet und gefestigt sein. Hier ist es wichtig, dass die Mitarbeiter ihre Aufgaben kennen und im Sinne des Unternehmens wahrnehmen und umsetzen. Ist dieses Ziel realisiert und die Kunden sind von der Qualität überzeugt, wird der Aufbau von einem Kundenstamm auf 2000 Mitglieder innerhalb von 3 Jahren umsetzbar sein. Ebenfalls kann durch ein gezieltes Kundenbindungsmanagement durch die beschriebenen Maßnahmen in Kap. 2.2 das Ziel erfüllt werden.

Durch die direkte Standortnähe zum Gesundheitszentrum wird der Kooperationsaufbau als umsetzbar eingestuft. Dieses Ziel unterstützt ebenfalls das Ziel 1 in Kap. 2.2 die Erreichung Mitgliederzahl auf 2000.

Der gesellschaftliche Trend geht hin zu einem ganzheitlichen und gesunden Leben. Daher ist die Akquise von 10 Kunden, die eine Erfolgsgeschichte schreiben innerhalb von drei Jahren umsetzbar.

# 4 Phase der Strategieformulierung

## 4.1 Strategieformulierung

Da es sich bei dem Unternehmen um ein neu eröffnetes Gesundheitsstudio handelt, welches zum Ziel hat innerhalb von drei Jahren 2000 Mitglieder zu haben, wird auf Unternehmensebene auf die Wachstumsstrategie gesetzt. Eine Marktdurchdringung wird durch neue Konzepte auf einem bereits bestehenden Fitnessstudiomarkt angestrebt (Bea & Haas, 2017, S. 188).

Auf der Geschäftsbereichsebene soll mit der Differenzierungsstrategie der Konkurrenz gegenübergetreten werden (Bea & Haas, 2017, S. 196). Durch das allumfassende Betreuungskonzept rundum Gesundheit, muss für den Kunden bei der Marketingarbeit ganz klar herausgearbeitet werden, dass es nur in dem BeFit Unternehmen zu einem langfristigen Gesundheitserfolg kommt und dies in einem anderen Gesundheitsstudio nicht in der Form möglich ist.

## 4.2 Blue-Ocean-Strategie

Der Markt eines Unternehmens besteht aus zwei Ozeanen. Die roten Ozeane bestehen aus bekannten Märkten, welche bereits existierende Branchen umfassen. Die Wettbewerber konkurrieren mit den gleichen Produkten. Wo hingegen die blauen Ozeane für alle Branchen stehen, in denen es noch keine Wettbewerber gibt. Sie umfassen ein noch nicht identifiziertes Marktsegment (Kim & Mauborgne, 2005, S. 4).

Umwelt- und Klimaschutz gewinnt bei den Menschen immer mehr an Bedeutung. In einer Studie des Umweltamtes aus dem Jahr 2020 geht hervor, dass für 65% der Befragten Umwelt- und Klimaschutz ein sehr wichtiges Thema ist (Umweltbundesamt, 2022). Hier ist zu entnehmen, dass ein hohes Bedürfnis besteht Verantwortung zu übernehmen und sich am Umwelt und Klimaschutz zu beteiligen.

Mit dem Geschäftsmodell, Strom aus eigener Muskelkraft zu erzeugen auf umgebauten Crossbändern, Laufbändern, Spinningrädern und ähnlichen Fitnessgeräten, wird ein neuer Markt erschlossen. Mit eingebauten Spannungswandler und Batterien, ist es möglich die gewonnene Energie direkt in das Stromnetz des Gesundheitsstudio zu leiten (Gehrig, 2018). Diese Art von Geschäftsmodell wird in Dortmund von keinem anderen Studio angeboten und steht somit in keiner direkten Konkurrenz mit den Mitbewerbern anderer Studios. Bisher gibt es solch ein Konzept nur in Berlin (RSG Group GmbH, o. J.).

Hier verknüpft das Gesundheitsstudio BeFit zwei nachhaltige Grundbedürfnisse der Kunden. Die Förderung der eigenen Gesundheit und Fitness sowie einen Beitrag zum Klimaschutz zu leisten. Durch die Selbstversorgungs-Idee werden die umweltbewussten Kunden angesprochen. Zusätzlich ist auch für die Viel-Strom-Produzierer eine Rückerstattung von ihrem Mitgliedsbeitrag, Gutscheine von Kooperationspartnern denkbar. Dies steigert die Motivation und bindet die Kunden gleichermaßen.

# 5 Personalmanagement

## 5.1 Führungsverhalten

Von einer Führungskraft wird die Fähigkeit erwartet, eine klare Richtung vorzugeben, neue Möglichkeiten zu eruieren und umzusetzen oder umsetzen zu lassen. Sowie aus der eigenen Authentizität heraus andere Menschen zu animieren und in die Lage zu versetzen sich euphorisch, initiativ und kreativ für Ziele und Aufgaben einzusetzen (Hinterhuber, 2011, S. 19).

Um so ein Führungsverhalten an den Tag zu legen, spielt die Emotionale Intelligenz eine maßgebliche Rolle, um Situationen wahrzunehmen und angemessen darauf zu reagieren. (Goleman, 1995, S. 192). Es gibt sechs verschiedene Führungsansätze zwischen denen eine Führungskraft oft unterbewusst handelt und geschickt je nach Situation zwischen einem oder mehreren von sechs wechselt. Visionär, coachend, affiliativ und partizipativ sind vier Stile, die jene Art von Resonanz der Leistungssteigerung erzeugt. Hingegen die zwei weiteren Stile pacesetting und direktiv nur in einigen besonderen Situationen sich als nützlich erweisen (Boyatzis, Goleman & McKee, 2022, S. 79).

Da sich das Gesundheitsstudio noch in einem kompletten Neuaufbau inklusive neuer Mitarbeiter befindet, ist es wichtig, dass die Führungskraft als Visionär voranschreitet und alle mitzieht. Mit so einem Führungsverhalten ist es möglich die strategische Vision vom Gesundheitsstudio zu visualisieren und wie geplant zu positionieren.

Das Gesundheitsstudio hat in diversen Bereichen entsprechendes Fachpersonal eingestellt. Dieses soll an Entscheidungsprozessen beteiligt werden, um so die Motivation und das Zugehörigkeitsgefühl zu steigern. Um dies zu erreichen, wird von der Führungskraft ein Führungsverhalten im Sinne eines partizipativen Führungsstiles erwartet (Bartscher, Stöckl & Träger, 2012, S. 95).

Einhergehend ist es wichtig, dass die Führungskraft im coachenden Stil die Mitarbeiter weiter fördert und Raum zur Weiterentwicklung gibt (Goleman, 2000, S. 86-87). Dies bindet das Fachpersonal und hält das Angebot des Fitnessstudios qualitativ hoch und am Puls der Zeit.

Das Konzept des Gesundheitsstudio steht und fällt mit den Mitarbeitern, welche den direkten Kontakt zu den Mitgliedern pflegen und eine Bindung erzeugen. Verstärkt wird dies durch einen affiliativen Stil, indem der Mensch im Führungsverhalten im Mittelpunkt steht (Goleman, 2000, S. 84-85).

Viele Studien haben gezeigt, dass je mehr Stile ein Führer zeigt, desto besser. Die effektivsten Führungskräfte wechseln bei Bedarf flexibel zwischen den Führungsstilen (Goleman, 2000, S. 87).

Der Charakter der künftigen Führungskraft sollte sowohl bescheiden als auch willensstark, zurückhaltend auf der einen und furchtlos auf der anderen Seite sein (Collins, 2016, S. 87-88). Sie sollte ruhig, aber bestimmt handeln. Um langfristig die besten Ergebnisse zu erzielen, sollte sie tun, was getan werden muss, egal wie schwierig es wird. Der Ehrgeiz sollte stets auf das Unternehmen und nicht auf sich selbst gerichtet sein (Collins, 2016, S. 94).


## 5.2 Recruiting

Das Recruiting von Führungskräften kann auf dem externen oder internen Arbeitsmarkt erfolgen. Die Art Mitarbeiter zu motivieren, hängt stark von der jeweiligen Kultur des Landes ab (Scholz, 2014, S. 114-115). Daher wird im externen deutschen Arbeitsmarkt und nicht im bereits international bestehenden Gesundheitsstudio nach einer Führungskraft gesucht.

Es gibt noch kein Bestandspersonal, somit erfolgt die Suche auf dem externen Arbeitsmarkt. Um die gewünschte Führungskraft zu bekommen, empfiehlt es sich ein genaues

Anforderungsprofil zu entwickeln mit den in Kap. 5.1 erwähnten Erwartungen an eine Führungskraft. Neben der fachlichen Kompetenz sind soziale Fähigkeiten und Stärken unerlässlich. Je konkreter das Anforderungsprofil ausgearbeitet wird desto höher die Wahrscheinlichkeit die passende Führungskraft für das Unternehmen zu finden (Scholz, 2014, S. 306-307). Die emotionale Intelligenz der Führungskraft spielt eine zentrale Rolle (Goleman, 1995, S. 192). Für deren Überprüfung eignet sich die Beauftragung eines Assessment Centers. Dieses Auswahlsystem umfasst einen systematischen Ablauf, Erfassung der Verhaltensmerkmale bezogen auf das Tätigkeitsfeld, welches eine Beurteilung durch mehrere Beobachter (meist Psychologen) sowie Vergleichbarkeit zwischen den Bewerbern ermöglicht (Scholz, 2014, S. 548-551). Durch fiktive Rollenspiele werden die potenziellen Führungskräfte auf die Probe gestellt, um ein Gefühl dafür zu bekommen, ob sie in der Lage sind ein Gesundheitsstudio zu leiten. Meist beurteilen und entscheiden Psychologen über die Qualität der Führungskraft.

Ein Assessment Center zu beauftragen ist zwar durch die hohe Validität kostenintensiv, kann jedoch einen bedeutenden Beitrag zum Erfolg oder Misserfolg einer Führungskraft leisten (Scholz, 2014, S. 551). Dies wird trotz hoher Investitionskosten als Recruiting Maßnahme favorisiert.

# 6  Literaturverzeichnis

Arbeitgeberverband deutscher Fitness- und Gesundheits-Anlagen (DSSV). (2023). Eckdaten der deutschen Fitness-Wirtschaft 2023. Hamburg: Hrsg.

Bakir, D. (2017). Dieser Mann hat das Kieser-Rückenimperium gekauft - das hat er damit vor. Zugriff am 28.04.2023. Verfügbar unter: https://www.stern.de/wirtschaft/news/kieser-chef-im-interview--das-hat-michael-antonopoulos-mit-der-kette-vor-7332190.html

Bamberger, I. & Wrona, T. (2012). Strategische Unternehmensführung (2. Aufl.). München: Franz Vahlen.

Bartscher, T. & Stöckl, J. & Träger, T. (2012). Personalmanagement Grundlagen, Handlungsfelder, Praxis. München: Pearson.

Bea, F.X. & Haas, J. (2017). Strategisches Management (9. Aufl.). Konstanz und München: UVK Verlagsgesellschaft mbH.

Boyatzis, R. & Goleman, D. & McKee, A. (2022). Emotionale Führung (11. Aufl.). Berlin: Ullstein Buchverlage GmbH.

Brockskothen, M. & Gausselmann, T. & Henneke, T. & Ludwig, S & Pappenbrock, J. & Rump, C. (2022). Der deutsche Fitnessmarkt Studie 2022 (19. Aufl.). Düsseldorf: Deloitte GmbH.

Brockskothen, M. & Gausselmann, T. & Henneke, T. & Ludwig, S & Pappenbrock, J. & Rump, C. (2023). Der deutsche Fitnessmarkt Studie 2023 (20. Aufl.). Düsseldorf: Deloitte.

Collins, J. (2016). Firmenchefs brauchen kein überzogenes Ego. *Harvard Business Manager* (Edition 1). S. 85-97.

Deutsche Angestellten Krankenkasse. (2023). Psychoreport 2023 Entwicklungen der psychischen Erkrankung im Job 2012-2022. Hamburg: IGES Institut GmbH.

Dillerup, R. & Stoi, R. (2022). Unternehmensführung Erfolgreich durch modernes Management & Leadership (6. Aufl.). München: Franz Vahlen.

Evers, J. (o. J.). Du planst, ein Fitnessstudio zu eröffnen? Das solltest Du wissen. Zugriff am 01.05.2024. Verfügbar unter: https://smartbusinessplan.de/ratgeber/fitnessstudio-eroeffnen/

Fitness Management. (2021). Kundenbindung in der Fitness- & Gesundheitsbranche. Zugriff am 08.05.2023. Verfügbar unter: https://www.fitnessmanagement.de/fitness/kundenbindung-in-der-fitness-gesundheitsbranche

Gehrig, M. (2018). Mit Muskelkraft Strom produzieren. Zugriff am 27.04.2023. Verfügbar unter: https://www.umweltnetz-schweiz.ch/themen/energie/ 2763-strom-produzieren-im-fitnesscenter.html

Goleman, D. (1995). Emotionale Intelligenz. München: Carl Hanser.

Goleman, D. (2000, March-April). Leadership that gets results. *Harvard Business Review*, S. 78-90.

GymCompany Retail S.L. (o. J.). Marken und Hersteller von Fitnessgeräten. Zugriff am 08.05.2023. Verfügbar unter: https://www.gymcompany.de/marken

Hinterhuber, H. (2011). Strategische Unternehmensführung I. Strategisches Denken. (8.Aufl.). Berlin: Erich Schmidt.

Journal of Health Monitoring. (2021). Prävalenz von Rücken – und Nackenschmerzen in Deutschtland. Ergebnisse aus der Krankheitslast-Studie BURDEN 2020. Berlin: Robert Koch-Institut.

Kieser Training AG. [Effektives Krafttraining für einen gesunden Rücken | Kieser als Rückenspezialist]. Zugriff am 28.04.2023. Verfügbar unter: https://www.kieser-training.de/

Kim, W. C. & Mauborgne, R. (2005). Der blaue Ozean als Strategie. Wie man neue Märkte schafft wo es keine Konkurrenz gibt. München: Carl Hanser.

Langguth, N. & Meyer, A. & Schulz, K.-H. (2011). Körperliche Aktivität und psychische Gesundheit. Hamburg: Springer.

Lechner, C. & Müller-Stewens, G. (2011). Strategisches Management (Aufl. 4). Stuttgart: Schäffer-Poeschel.

Lubarsky, O. & Mansoor, R. & Niebauer, E. & Sprengel, M. & Vieten. (2022). Move Your Mental Health. Lutherville-Timonium: The John W. Brick Mental Health Foundation.

My Fitness Station GmbH. (2021). [INJOY Pottfit]. Zugriff am 28.04.2023. Verfügbar unter: https://www.injoy-pottfit.de/

Pixformance Sports GmbH. (2018). Wann Mitglieder am häufigsten kündigen und warum. [elektronische Quelle]. Zugriff am 09.05.2023. Verfügbar unter: https://www.pixformance.com/wp-content/uploads/2018/08/ Pix_Fitness_Studie_1_04.pdf

Porter, M.E. (2000). Wettbewerbsvorteile. Spitzenleistungen erreichen und behaupten (6.Auf.). Frankfurt: Campus.

Porter, M. E. (2015). Was ist Strategie? *Harvard Business Manager* (Edition 1). S. 6-22.

RSG Group GmbH. (o. J.). Strom aus Muskelkraft. Zugriff am 08.05.2023. Verfügbar
  unter: www.golds-gym.de/green-power

Schmidt, F. (2023). Globale Fitnesstrends im Fokus – die ACSM Fitnesstrends 2023 im
  Überblick. Zugriff am 03.05.2023. Verfügbar unter:
  https://www.fitnessmanagement.de/fitness/
  acsm-fitness-trend-report-ranking-2023-umfrage-fitnesstrends

Scholz, C. (2014). Personalmanagement (6. Aufl.). München: Franz Vahlen.

Sörensen, A. & Wolff, J. (2022, Dezember/Januar). Mentale Gesundheit und Achtsam-
  keit – mehr als nur ein Trend – Body & Mind. *Fitness Management International*, S. 32-34.

The Lancet. (2017). Health effect of dietary risks in 195 countries. Zugriff am
  04.05.2023. Verfügbar unter: https://www.thelancet.com/journals/lancet/article/
  PIIS0140-6736(19)30041-8/fulltext

Umweltbundesamt. (2022). Umweltbewusstsein und Umweltverhalten. Zugriff am
  27.04.2023. Verfügbar unter: https://www.umweltbundesamt.de/daten/
  private-haushalte-konsum/umweltbewusstsein-umweltverhalten/
  #stellenwert-des-umwelt-und-klimaschutzes

Visable GmbH. (o. J.). Nahrungsergänzungsmittel. Zugriff am 08.05.2023. Verfügbar
  unter: https://www.wlw.de/de/suche/nahrungsergaenzungsmittel

World Health Organization. (2022). Global status report on physical activity 2022. Ge-
  neva: Hrsg.

# 7 Abbildungs- und Tabellenverzeichnis

## 7.1 Abbildungsverzeichnis

Abb. 1: Standort des Gesundheitsstudios (Darstellung aus OpenStreetMap)................................................3
Abb. 2: Five-Forces-Modell übertragen auf BeFit (modifiziert nach Porter, 2000, S.29)...........................8

## 7.2 Tabellenverzeichnis

Tab. 1: Branchenvergleich (Bakir, 2017; Kieser Training AG, o. J.; My Fitness Station GmbH, 2021).....7
Tab. 2: Umweltanalyse – Chancen und Risiken (eigene Darstellung).........................................................10
Tab. 3: Unternehmensanalyse – Stärken und Schwächen (eigene Darstellung)........................................11
Tab. 4: SWOT-Matrix (modifiziert nach Lechner & Müller-Stewens, 2011, S. 212)...............................12